Pages de garde :
Joan Miró : « Libellule aux ailes vermeilles à la poursuite d'un serpent qui glisse en spirale vers l'étoile comète », 1951. (Détail). Huile sur toile, 81 x 100 cm.
Museo del Prado, Madrid.

Loi numéro 49.956 du 16 juillet 1949 sur les publications destinées à la jeunesse : mars 1992
Dépôt légal : juin 2003
Imprimé en France par Jean-Lamour à Maxéville

Jean Joubert

Poèmes de la lune et de quelques étoiles

Avec les peintures de Henri Rousseau, Joan Miró, Wassily Kandinsky, un Égyptien du IXe siècle av. J.-C., Claude Monet, Wilfredo Lam, Quentin Metsys, Antoine Watteau, Pablo Picasso, Utagawa Kuniyoshi, René Magritte, Marc Chagall, Henri Matisse, Sonia Delaunay, Ando Hiroshige, Paul Klee

choisies par Madeleine et Christian Gentil

l'école des loisirs
11, rue de Sèvres, Paris 6e

Henri Rousseau: «Un soir de carnaval», 1886.
Huile sur toile, 117 x 89,5 cm.
Philadelphia Museum of Art, Pennsylvania.
The Louis E. Stern Collection.

La lune perd une plume
qui tombe sur la terre.

Qu'est-ce que ça peut écrire
une plume de lune
sur la terre des hommes ?

Tout dépend de la main
où la plume se pose :
le persil ou la rose,
la prose ou le poème.

La lune était si belle cette nuit
que je suis sorti de ma chambre
pour aller au jardin.

La lune était si blanche cette nuit
que j'ai vu dormir la colombe
sur la branche de l'if.

La lune était si claire cette nuit
que j'ai pu lire dans le jardin
un livre qui parlait de la lune.

Il faut, disait un sot,
aimer la lune *ou* le soleil.
Quant aux étoiles : poussière !

Aimons la lune *et* le soleil,
et chaque étoile familière.

Ce soir, toutes les étoiles sont dehors,
comme mille soldats
avec leurs lances.

La lune est rouge.
La nuit grouille d'un sang futur.

Luisez en paix, étoiles.
Aimez les hommes, les moissons.
Ne faites pas la guerre.

Wassily Kandinsky : « Sur bleu », 1925.
Huile sur carton, 80 x 110 cm.
Kunstsammlung Nordrhein-Westfalen,
Düsseldorf. © Adagp, Paris, 1992.

Apprenons à nommer les étoiles
d'un mot d'amour,
d'un nom d'ami,

tout en sachant que notre vie
ne suffirait pas à nommer
toutes les étoiles.

Les jours de faim, as-tu vu
la lune comme un fromage ?

Les jours de soif, as-tu bu
le lait bleuté des étoiles ?

Les jours de froid, as-tu su
que le soleil est un cœur,
ton cœur et le cœur du monde ?

Avec ce fruit, ne pourrait-on,
quand il est rond, quand il est mûr,
comme avec prune ou melon
faire de la confiture ?

Stèle de Tapéret (31 × 29 cm):
« La déesse-ciel Nout avalant le soleil à son coucher », vers 900-800 av. J.-C.
Page de droite : détail.
Musée du Louvre, Paris. Photo R.M.N.

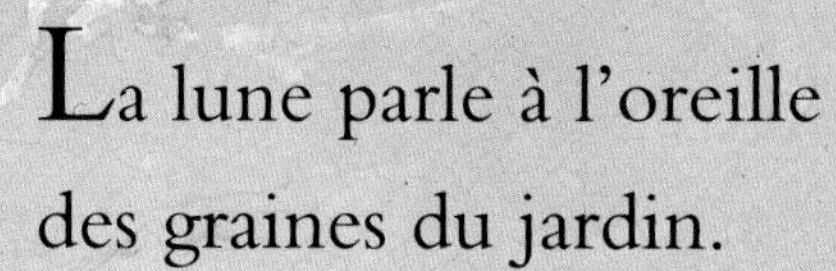

La lune parle à l'oreille
des graines du jardin.

«Poussez!» dit-elle,
ou bien: «Riez, dansez!»
ou bien:
«Dormez dans votre lit de neige!»

Une grenouille dit
que la lune dans la mare
est un œuf.
Et lorsque s'ouvrira cet œuf,
dit-elle encore,

Claude Monet :
«La pie», vers 1869.
Huile sur toile, 89 × 130 cm.
Musée d'Orsay, Paris.
Photo R.M.N.

on en verra sortir
un grand homme de neige.

Près des roseaux, nous attendons l'hiver.

Wilfredo Lam : «Umbral», 1949-1950. Huile sur toile, 185 x 172 cm. Musée national d'Art moderne, Centre Georges Pompidou, Paris. © Spadem, Paris, 1992.

«Lune, lune, qu'as-tu vu
dans le ruisseau, qui t'apeure ?»

«J'ai vu rôder l'ombre rouge
du soleil aux dents de loup.»

«Que fais-tu, lune, brebis
dans la prairie des nuages ?»

«Je tourne les yeux, je tremble,
je cherche l'amour d'un berger.»

Le loup voit la lune qui nage,
dans le ruisseau, entre les joncs.

De sa patte, il touche la lune.

Le loup a faim.
Ses dents n'ont déchiré que l'eau.

La lune rit dans les nuages.

Quentin Metsys :
« Le prêteur et sa femme »,
1514. Huile sur toile,
70,5 x 67 cm.
Musée du Louvre, Paris.
Photo R.M.N.

Il vendit d'abord des noix,
puis des pierres, des veaux,
des villes.

Ah ! s'il avait pu vendre la lune.

Ayons pitié
des racines, des taupes,
des hommes souterrains.

Ils ne voient jamais la lune.

Saluons les enfants, les poètes :
les premiers cosmonautes,
les coureurs d'aventure !

Il y a très longtemps qu'ils sont
dans la lune.

Vous m'avez assez vu ?

Envoyez-moi dans la lune
avec les scaphandriers
et les singes.

Antoine Watteau :
« Pierrot, dit autrefois Gilles »,
vers 1718.
Huile sur toile, 184 x 149 cm.
Musée du Louvre, Paris.
Photo R.M.N.

Rossignol
à la pointe des nuits
dans ta cage de lune.

Le merle siffle,
s'envole du jardin.
Du bec, il va piquer la lune.

Le chat qui joue avec la lune
sait des secrets
qu'il garde au fond des yeux.

Pablo Picasso:
«Femme aux pigeons», 1930.
Pastel sur papier kraft marouflé
sur toile, 200 x 185 cm.
Musée national d'Art moderne,
Centre Georges Pompidou, Paris.

Une poule molle
couve la lune
dans un nid de brume.

Le curé crie qu'elle est folle.

Utagawa Kuniyoshi :
« Tametomo et son fils sauvés
par les Tengu »,
estampe publiée en 1848-1852
in British Museum Publications.

Le poisson volant
a mordu la
lune.

Le pêcheur
a pris dans ses filets
la lune.

L'océan remue sa barbe.
Il soulève vers la lune
ses houles et ses monstres.

René Magritte :
« Le domaine d'Arnheim »,
1962. Huile sur toile,
146 x 114 cm. Collection
René Magritte, Bruxelles.

Tout s'use au vent de la vie.
Même la lune maigrit.
Va-t-elle mourir ? La voici
plus mince qu'une lame.

Mais toujours elle renaît
comme un phénix entre les flammes.

Qu'est-ce que c'est, l'éternité ?

De la lune on a rêvé :
palais de sucre, de laine,
peuplé de nains,
d'anges velus.

Dans la lune on n'a trouvé
que froid, silence et poussière,

Mais aussi une pierre bleue
qui donne encore à rêver.

Marc Chagall : « L'arc-en-ciel, signe d'alliance entre Dieu et la Terre », 1931. Gouache, 63,5 x 47,5 cm. Détail. Musée national Message biblique Marc Chagall, Nice. Photo R.M.N.

Ah, mystère !
Je voulais offrir à ma mère
la lune dans un seau.

Mais quand j'ai franchi la porte,
il n'y avait plus dans le seau
qu'une eau de lune.

Sonia Delaunay :
« Composition », 1955.
Huile sur toile,
160 x 215,5 cm.
Musée national d'Art
moderne, Centre Georges
Pompidou, Paris.

Il faisait froid.
Toute la nuit,
la lune a dormi sur le cœur de l'enfant.

Henri Matisse : « Le rêve »,
1940. Huile sur toile,
81 x 65 cm.
Collection particulière.

Je voudrais dessiner sur la lune,
avec de l'encre rose et noire,
le visage de mon amie.

On me dit: «Regarde le visage de la lune.
Mais si, regarde bien!
Elle rit, elle pleure.»

Moi, je vois un carrosse d'argent
plein de fleurs.

Ando Hiroshige : « Une vue de nuit des huit grands sites de Buyo Kanazawa », estampe publiée en 1857 in British Museum Publications.

Belle horloge
sans aiguilles ni chiffres,
qui nous montre le commencement
et la fin.

Paul Klee : « Ad Parnassum »,
1932. Huile sur toile,
100 x 126 cm.
Kunstmuseum Bern.

J'ai accroché la lampe-lune
à la poutre de ma maison.

Les phalènes, les libellules
ne s'y brûlent plus les ailes.

Joan Miró : « Femme et oiseau au clair de lune », 1949. Huile sur toile, 81,3 × 66 cm. Tate Gallery, London.

J'ai bâti ma maison
sous la lune, le soleil
et les étoiles.

Il n'est de meilleur lieu pour vivre
dans l'amitié du monde.